차브 라차브 차브 라차브
　　　카브 라카브 카브 라카브
　　　　제에르 샴 제에르 샴

페이건드라카

오라,
우리가 서로 변론하자

צֻו לְצֻו צֻו לְצֻו קֻן לְקֻן קוּ לְקוּ צֵיר שֵׁם צֵיר שֵׁם

차례

1.

　Come Back　　10
　모놀로그　　12
　프시케　　18
　얌전히 차를 기다리며　　22
　레슨　　24
　불협　　26
　창조　　28
　오하아사　　30
　물고기　　35
　아틀란　　36
　원　　38
　자명　　40

2.

　Us And Them　　46
　편파　　48
　취급　　50
　Scene　　52
　아틀라스　　56
　Demo?　　58
　스톡　　60
　술명　　61
　내 여자요?　　62
　적절　　64

우수수 로맨틱　　66
  스윗 다윗　　71
  바나나 스플릿　　74
  Jona(tha)n　　76
  나의 사랑하는 고양이가 나의 사랑하는 새를 물고 와 나를 사랑한다고 말할 때　　78
  Show, Don't Tell　　80
  X에게　　82

3.

  이미지야　　88
  X　　90
  L　　92
  오카시　　94
  ㅇㅅㄷ　　97
  토요 기도회　　102
  이러지 말고 중력에 대해 알아봅시다　　106
  Angel And Gretel　　108
  플루이드　　110
  믿을 수 없는 화자　　115
  Research XO　　116
  리라　　118
  용감한 지구인　　120
  헤로인 시크 히로인들아 난 헤어지기 싫어　　124

4.

　너는 책상에만 앉으면 기억해내려고 하더라　　138
　후렴　　141
　pray of ortolan　　142
　겟세마네　　144
　칼보다 강한　　150
　오늘도 내쫓으시는 (ㄱㅎ) 이야기　　153
　후렴　　156
　이피게네이아　　157
　고시　　160
　을사불미　　163
　bang　　166
　펑크　　169
　부정　　171
　בשׂרי　　173
　호산나　　178
　글로솔라리아　　180
　불신하는 나쁜 여자가 기쁜 소식을 알립니다　　182

0.

　신수　　192
　중국어 방　　194
　불의 시도　　195
　la petite mOrt　　198
　innOcence　　206

모사로서의 묘사　　207
스탕달　　208
무화과꽃　　212
snOwOman　　214
fOrever　　216
sOs　　220
후렴　　221
O　　222

1.

Come Back

다시 올게

이 모든 것
네가 원했다고 기억해 낼 때

꼭꼭 숨어있던 네가
술래였다는 걸 알아챌 때

사실은
자유를 원하지 않는다고 고백할 때

기도가
미끄러지기 위해 달려가는 것을 볼 때

운동장 무한히 돌다가
역주행을 선택했을 때

여전히 틀릴 수 없어서
시험지에 러브레터를 적었을 때

돌아버리고 싶은데
도는 것은 지구뿐일 때

하늘로 추락하려고
줄 없이 번지점프 할 때

탯줄이 끊어진 자리를 만지며
조난당한 우주인을 부러워할 때

필름이 끊어진 영화를 보며
이상한 블랙 속에 갇히고 싶을 때

세이프 워드 말하고 싶은데
어떤 말도 떠오르지 않을 때

이 모든 것
네가 원했다고 기억해 낼 때

내가 대신 외칠게

하나님은 없다.
하나님은 없다.

다시 올게

모놀로그

 모노는 정확한 일에 관해 쓴다 정확히 모노가 겪은 일 시간도 장소도 기억나지 않지만 정확히 있었던 일 남자애에게 손을 세게 깨물리고 여자애를 사랑할 일은 없다고 믿었던 일 교회에서 버스에서 앉아서 서서 울었던 일 뺨을 때릴까 하다가 도리어 가방과 함께 문밖으로 내쫓긴 일 한 달 뒤에 "너 정말 너무한다"고 적힌 쪽지를 받았던 일 아주 정확히 있었던 일들에 관해서만 쓰며 모노는 정확히 죽어가고 있다

 모노는

 정확하게 쓰면 쓸수록 아름답지 않은 기분을 느낀다 수치와 분노와 오래 가라앉아있던 사탕 한 알에 혀를 베인다 모노는 작아진다 귀엽지 않을 만큼 작아진다 마침표보다 작아진다 문장에 마침표 찍는 버릇을 들이라고 혼난다 모노의 일은 마쳐진 적 없다는 것을 누구도 모른다 행과 연을 나눌 때마다 모노는 무엇이 먼저고 무엇이 나중인지 알 수 없어진다 그것이 모노가 정확히 말하지 못한 모노의 정확한 진실

 모노는

 일 년 동안 정확히 세 명의 남자를 사랑했다 그중 한 명은 모노를 때렸고 두 명은 모노를 강간했다 모텔에서 멀티방에서

모노의 의사와는 상관없이 모노의 안에 들어섰다 기분이 좋았다 그럴 것을 알고 있었고 그렇게 하도록 내버려두었다 모노를 때린 남자는 이야기를 듣고서 "너 완전히 당했다" 말했고 모노는 그 말이 진짜로

  모노는

  내버려두었다 모노는 진 적 없고 모노는 맞은 적 없고 모노는 박힌 적 없고 모노만큼 모노를 학대할 수 있는 사람은 아무도 없었다 모노는 모든 걸 알지는 못했으나 하나도 피하고 싶지 않았다 모노는 모노의 주인이 아닌 적 없었다 모노는 모노에게 돌아가지 않은 적 없었다 그러나

  개 같은 것들이 자꾸 정확하게 말하라고

  모노가 모노에게 있었던 일을 진술하면 분위기가 싸해지는데 뭘 어쩔 수 있는데 모노의 경우 오늘 밤도 모노와 함께 있어야 하는데 모노는 모노와 헤어지지 못하고 모노 속에서 잠이 들어야 하는데 정확한 말이 정확한 예술이 정확한 시가 필요했다며 모노의 용기에 손뼉 치며 너희는 너희대로 너희를 모노를 내버려두며 각자의 모노들이 될

너희는

 모노를 읽은 사람들 모노에게 무슨 일이 있었는지 궁금해한다 특정한 단어를 책임질 자격이 모노에게 있는지 없는지 가늠한다 모노가 왜 마이크를 드는 대신 키보드를 두드렸는지 모노의 모호함이 테크닉인지 미숙함인지 판단한다 정확한 걸 좋아하니까 정확한 아름다움을 좋아하니까 아름다움은 빗나가니까 모노는 모서리니까 모노는 떨어지니까 모노의 중얼거림은 자폐니까 오늘도 정확하지 못했으니까

 미끄러지니까
 정확한 죽음을 똑바로 보지 않기 위해
 눈을 뒤집고 있으니까

 모노는

조각

조각

조각

조각

모노는 쓰는 대신
말하기로

모노는 말하는 대신
그리기로

모노는 그리는 대신
노래하기로

모노는
이야기를 시작하기로

모노의 이야기는
하나도 무슨 말인지 모르겠기로

모노의 이야기는
중언부언이기로

모노의 이야기는
다 틀렸을 수도 있기로

정확하지 않은 서술로
정확하지 않은 서사로
정확하지 않은 서정으로

그 울음소리
모노의 것이기로

모노는 처음부터 정확히 모노의 것이기로

프시케

나의 서정이
여전히 대답 없습니다

슬픔의 배꼽은 무엇의 흔적인가요
왜 사람들은
죽은 후에도
영혼이 살아남는다고 여기나요

나의 서정,
새벽의 향로를 꽃병으로 삼는 무수한 감정이여

어제는 충동할 일 없이
가만히 찾아와 곁에 누운 당신이
오늘은 기약 없습니다

어떤 이들은
촛불이 흔들리는 모양을
마음이라 부른대요

당신을 바라보기 위해
모든 기쁨을 입으로 불어 끄고
캄캄해진 영혼을 마주합니다

밤은 죽었으나
살아남았다고 믿겠어요
진실을 향해
모든 것이 기울고 사라지는 날

나의 서정,
거짓말의 틈에 서식하는 나비여

이제 그만
내게 대답해 주세요

바라보는 풍경의 개수만큼
마침내
누군가의 얼굴 하나가 되는 것처럼

나의 서정,
해가 진 동안의 사람을
둥지로 삼는 무수한 감정이여

대답 없는 당신을 맞이하기 위해
장미 면사포로 타락을 가리겠어요

구멍 없는 나의 신부여
한때는 인간의 것
이제는 신의 것인 여인이여

눈꺼풀 위로
촛농을 떨어뜨리고
봉하겠어요

나의 서정은
이제
조금씩
,

얌전히 차를 기다리며

비가 오면
풍경은 차가워지는데
이상하지

모르는 사람에게 인사하다가
엄마 손에 붙들려간
꼬마처럼

사선으로 헤어지는 빗방울
나와
아무 연관 없이

끓는점에 도달한
세계는 잠시
조용하다가

땅에 닿자마자
터진다

소리
소리
소리

노이즈
캔슬

비는
아무 말도
건넬 수 없고
너는

"조용해서 좋다"

삐이이
삐이이이이이

먼저 일어나는 쪽이
좀 더 빨리 식은 거야

레슨

저기요
비밀
악보 볼 줄 몰라
늘 외워서 쳐요

점점 세게!

가끔 다른 곳에 있어요
선생님
내 손가락 끌어
건반을 누를 때도
토스트 먹인 뒤
입가를 닦아줄 때도
나는 거기
없어요

높은음자리는 알아
내 자리는
모르겠어요
왜 이런지 몰라요 왜 이게 나인지
몰라 몰라요 내가 나인 걸
빌 때마다

쾅
쾅
쾅

실은요
찔끔
실수해요
겨우 그만큼

점점 세게!

알려주세요
그리고

여기는
어디?

이제
당신에게 나를 맡기고
나는 아마
없어요

불협

송곳니를 닦을 때마다
화목한 틈에서
피가 날 때마다

이게 왜 내 피일까

가만히 구름을 바라보는 양
남의 하양을 빨아주는 신데렐라

오늘 내가
이를 너무 세게 닦네

풀 먹여 드레스를 곤두세운다
이빨을
혀로 만진다

이빨?

고치시오 고치시오
당신의 문장을 고치시오

사실 사실 사실

사람 아니라면
사람의 시 아니라면

나
질투할 때마다 이를 닦네

거품 속에서
송곳니가 울면

이게 왜 내 피일까
양잿물에 손을 씻으며
신데렐라는 묻고

이빨이 없어서
누구도 대답하지 못하지

창조

눈을 뜨니
세상이 뒤집혀 있었다
그래야 했던 것처럼
나는 남자가 되었고
걸음마다 머리 위에
바다 피어났다
아무도 없는 수족관에서
깊음은 높음 되었다
동의어였던 것처럼

연인은 온데간데없고
부모는 발밑에 가지런히 누웠고
나는
남자가
되었고
익사한 해파리가
얼굴 위로 떨어졌고
어디선가
잃어버린 갈비뼈가
뻐근하게 일어섰고

아픔은 어디에나 있었고
나의 몸을 관통했다

희박하게 걸려 오는 전화
이미 끊어졌다

여보세요

나는 남자가 되었고
신은
내가 외롭다고 자백하기를
기다리고 있다

내가 여자였을 때
아픔이 내 안에 있었고
어디에도 가지 않았다

여보세요

제자리를 만들지 않는 것
유일한 장기였다

오하아사*
—수용에게

괜찮아
하루이틀이어야지
서울사람들 모른다니까
일어나자마자 꼴찌인 기분

좋은 아침
오하요 굿모닝
순진한 아침 무해한 아침
섹스리스 아침 응
섭섭해
재수 없어

뭘 원해

이제 꿈도 잘 안 꿔 나는
몰랐는데
좋은 거라데
건강해져야지

집에만 있으니
친구가 자꾸 뭘 보내

몸에 나쁜 건
하나도 안 들어있대
낯선 풀 냄새
그건 아마
걔가 보여주고 싶은 만큼의
걔네 집

놀러 갔겠지
뒤에서 끌어안고
엉겼겠지
예전에는
서로 놀래주는 재미에 살았지
못돼 처먹어가지고

구텐탁
구텐
탁
몇 시인 줄 알아?
활기차게 때려잡은 오전만
몇 개인지
화해를 왜 하니
지금이 제일 편한데

너는 잘 우는 것 같더라
그게 뭐
뭘 원해서 슬퍼졌는지 생각해 봐

서울에서도
서울 아닌 곳에서도
일어날 일은 일어나지
싸우고 술 마시고 토하고
담배 피우고 머리 박고 춤추고
이 침대에서는
버러지랑 같이 잔 적도 있지

죽음이 쉬운 일은 아니라는 걸
말해주고 싶었어
그래서 일어나자마자
흘려보냈네

걔는
그날 몇 위였을까
집에서 익사할 확률은 얼마나 될까
나는

Yes였을까 No였을까

일어났는데
어딘지 모르겠으면
싹 다 치워
나를 버릴 생각이 아니면
모두 버려
뭐든
부르고 싶은 대로 불러
불행은 하루짜리고
어떤 하루는 안 끝날 뿐
알았으면
가

믿고 싶은 대로 믿어
우리 집이 서울이었나
친구 집이 서울이었나

아무 데도 안 갈 건데
그게 왜
좋은 아침

모두를 쫓아내는 건 항상 불가능하다.

* <おは朝星占い>, 매일 아침 별자리 순위별 운세를 알려주는 일본 프로그램.

물고기

창가에는 그늘
말릴 새 없이 말하는
그늘

아틀란

버스를 타고
어디론가 가는 것 같았다

가는 것은 버스였고
나는 앉아 있었고
움직이는 것은 풍경이었고
사람들이 사라진 거리였고
저무는 시간이었고

목적 없이 가난했고

하늘이 돌고
지구가 돌아서

문이 열리면
다른 곳이었다

마법

무엇이든
잘하는 방식으로 자라기 싫었지

가만히 앉아서
무엇이든 되는 것 같은 기분을
언제까지나

원

원하지 않은 공식
원으로 빙빙 도는 논리
원망하는 어린 날의 기도들

3 in 1

원수를 사랑할 수 없는 가르침
원기둥이 폭발하며 떨어뜨린 성전
원이라고 부를 때야 숭배받는 당신의 3인격

3 in 1

원정대는 멀쩡한 시체로 발견되고
원시의 불꽃은 오늘날과 똑같은 얼굴로 타오르고
원죄를 믿지 않는 사람들만 가끔 나에게 착했고

3 in 1

원과 원과 원 쓰리라고 부를까 원이라고 부를까
원고지는 백지일 때 가장 아름다워서 그대로 제출했지
원이라 끝나는 장소로 들어설 때마다 나는 의아해져

3 in 1

원

원

원

자명

네가 이렇게
일어나 가버리면 안 되는데
스스로 원한 듯 달아나는 잠처럼

외국에서 졸음을 참아가며 보았던 연극 이야기

그들은 사랑을 했고
이제 올 것이 왔지

(그녀,
그를 위해 밧줄을 꼰다, 슬픔이라는 자가 차가운 손을 더한다)

나의 여자야
행렬 앞에
눈물 흘리지 마
지지 않는 사랑은
반칙이야

연해서 쉽게 얼고
약해서 무적인,
(분명 한 번은 있었던)

(종이 울린다, 그는 올가미에 머리를 밀어 넣으며 그녀의 느슨한 팔을 생각한다)

울지 마
흐려져
지금은 봐야 한다 끝장이니까

(마지막은 처음과 손을 맞잡는다, 아무도 일어나지 않은 새벽처럼)

*

한 사람은 한 사람의 저주만을 감당하도록 지어졌노라
미움은 떼로 다니고 때로 혼자라
하나의 너는 그래서 무적이니라

(너희로부터 흠를 빼앗아)

주저 없이 왼손을 슬픔에 더해라
그것은 등 돌리지 않는다

죽음을 선물해라
짝퉁 영원을 걸기 좋은
끝까지 배신하지 않는
튼튼한 목걸이!

(종이 울리고
이번 막이 허겁지겁 내려간다)

꿈도 되지 않는 이야기야
극장을 나서며
이번은 특히나 짧은 올가미라고 말했다
손가락을 내어주기에는 충분한

(그러지 않은 적은 없다, 늘 올 것이 왔다.)

2.

Us And Them

당신의 마음을 돌리는 일은 불가능하다
라고 쓰자
가을 뒤에 겨울이 온다
고 말하는 사람의 표정

침묵
건너오는 오늘
아이스 커피를 마시며
12월의 공원

이런 일은
10살쯤이었을 때는 불가능했다
여기서는

당연한 일들이 모이면
당연하지 않아

불가능이 모인 삶은
왜
가능했는지

당연하게 있고 싶은 게
아니었다면

여기서는 불가능하니
저기를 만들자

뻔한 말
돌아선다
발걸음 아직 떼지 않는다

편파

적극적인 내 편을 기다리고 있지
그들은 보통
왼쪽에서 오고
나는
고요한 구주
예술을
용서한다

왼뺨을 내밀면
보다 적극적으로
너의 적이 되어야지

불경한
짝을 지어야지

적극적인 내 편을 기다리고 있지
내 적들의 적
살인자
막지 마
확실하게
처형당하지

화평 대신 칼을 주러 온 내 친구들
혁명의 검지들이 사이 좋게 잘려나간다

달그림자가 태양을 모욕하듯
얼굴 반쪽을 서로 나누어 먹고
불가능한
키스, 키스를

적극적인 내 편을 기다리고 있지
내 짝이며
내 쪽으로 기울어졌지
왼쪽에서 오지
자비는 없으며 조심하는 편이 좋지

취급

그러나 유다야
너는 남을 판 창녀가 아니냐?

나의 하나님은 불가능투성이
하나이고 예뻐
그런 물건만 팔아요

손목을 잡아줘요 멍이 잘 들도록
멍청한 얼굴로 키스해요, 선생
은화로 맑게 빛나는 목덜미, 선생

스승님은 허투성이
12명의 남자로 채워줘야 하죠
알지
당신을 보내는 건
좆도 없는 나야
푹 찔러 가리킬 거야
여기지? 가엾게
여기지 말라고 했지?

내 사랑은 죄투성이
말로 할 수 없는 것들 뒤집어썼네

남의 발에 대고 기도한 일 따위
싹 까먹고 잘 살아

깨줘
굴려줘
할퀴게 해줘요

훌쩍훌쩍 할짝할짝
안 예쁘게
안 미쁘게
하나도
안 슬프게

Scene

때는 윤리 시간

어떻게 할래
복도에서
분필처럼 창백한 애랑 마주치면
점점 다가오면
가까이서 보니
빡빡이면

네오나치는 도망간다
암 환자는 속삭인다
나는

나?

빈칸 앞에서
고개 숙이고 시인해요
못 봤다고
이런 역할
몰라요 모올라요
나는야

조온나 기일게 가고 싶은 시이인
되도록 오래 해 먹고 싶어

하나님처럼
묵념처럼

너희

다 남으래
내가 봤어 적었어 죄
모르는 척만 했다고

몽 당 연 필
섬세한 문장
풍성한 비유
필요하지 않아 속눈썹
더 키우고 싶어서 몽땅 잘라버린

잘못했다고
쓸 건 많아요 근데
차별하기 싫어서
아무것도 안 쓰려고

손가락 못 자르겠어서
머리를 날려버린
혼자 입 다물고 뛰어내린
착하게
죄다 잃어버리이인

딱한 년…

뭐
대답하기 싫은 건 싫은 거네요
왜를 물으시면 싫어서 시잃은 거네요
오래 죽었다 오면
누구도 못 알아보는 거네요

당신도
당신이 뭐
많아도 너무 많은데 신이

오아시스 꽃이 피었습니다
칠판 위 이름들처럼
평등하고

차암 많습니다

혼자가 아닙니다
너 말고도
다 망했습니다 신발
얼굴이 될 때까지 쳐다봐
최고의 윤리는 언제나 앞코에

아틀라스

지구는 너무 빨리 돌아서
꽉 끌어안고 있었어
놓치기 싫어서
놓치기 싫어서

모든 것을 느끼는 병에 걸렸어
하나님은
하나도 믿지 않았어
영혼을 포기하면 중력도 잃어서
더 이상
있을 수 없다 했어

외계의 파리
윙윙대며
가야 할 시간
가야 할 시간

신은 지구를 던지고
죄를 지으러 떠났어
하늘에 금이 갔어
궁창의 물이 쏟아졌어

지금은
다만 잃어야 할 시간
꽉 끌어안고 있었어

그녀는 나를 던지고
살아남으러 갔어

헤어지기 싫었어
헤어지기 싫었어

Demo?

민주라는 여자애가 있었어
민주야, 부르면 대답하지 않았어
거기에는 민주의 이유가 있었어
돌아보면 자주 아무도 없었어
민주라는 여자애가
너무 많았어

민주가 민주가 아니었던 적 많고
민주가 은주였고 은지가 민주였고
누가 누굴 대신해 죽었다는 말도 들었고
민주는 민주이기를 그만둔 적이 없고

내가 사랑한다고 말했을 때
민주는 그만두라고 했어
어디부터 어디까지 그만두어야 할지
나는 나를 그만두고
사랑한다 말했어

민주는
대답하지 않았어
거기에 내가 있었어

나를 그만둔 나와
민주를 그만두지 않은 민주와
민주의 없는 대답과
내 것이면 좋았을 네가

사랑 같았어
저항 같았어

돌아보면
다른 민주는 하나도 없었어

민주의 민주만을 사랑했어
닳지 않고
불리지 않고
죽지 않은 민주, 민주를

스톡

손 모아 기도하는
소년아
속눈썹 떨어뜨리며 비는
자녀야
가려워도 긁지 않아 긁지 않아
손톱 짧게 깎은
아이야

어쩔까

물끄러미
물끄러미
리플레이
리플레이

스톱,

술멍

　당신 결국에 혼자일지 둘일지 그게 중요해요 혼자면 사람 찾고 둘이면 살 찾고 차라리 내가 둘이 될까 봐요 당신 다시는 혼자를 못 하게 허리에 붙들어 맬까 봐 뭐가 무서워서 이번엔 왜 매달려요 아직도 주인을 못 찾았어요 내가 그랬잖아요 개들이요 걔네가 허락하는 만큼만 당길 수 있다고요 한번을 이 손에 안 죽어주는데 심장 다다다 튕기며 열심히 살고 부르지 말랬죠 당신 이 따위로 살고 나는 또 여기야 다시 묶어 봐요 내 앞에서 해봐요 구라는요 느슨하면 수습 불가 꽉 조여요 떨어져 봐요 안 놓쳐

　넌 못 해

　언제까지 끌려온 척할 거예요 질질 젖지도 않았는데 다 운 척할 거예요 가진 적 없는데 어떻게 버려졌다는 거예요 그래서 뭘 안다는 건지 주소도 못 찍어줄 지옥은 왜 길 모르고 놓치는 법은 더 모르고 계속 높은 데 쳐다보면서 저기 좀 올려달라고 안 들어줄 것만 골라 봐요 취한 척은 그만둬요 누가 이겨요 잠든 적 없고 미친 척 없고 사랑에 빠진 적은 더 없는 당신 약아빠진 당신 인생 다 산 당신 혼자 싫고 둘은 더 싫은 당신 나 좀 꺼 줘 나 좀 꺼 줘 목매는 당신 자꾸 이런 날만 살아 차라리 내가 술이 될까 봐요 흐르도록 허락해 줘요 당신 대신 당신 안에
　질질

내 여자요?

악몽 같은 여자예요
쉴 새 없이 흐르는
빗줄기 아래 우산
나까지 적시는

목말라
마시니 숨을 막는
투명해
만지니
천 갈래 파문으로 조각나는

히죽대는 악몽이요
악쓰며 졸라대는 여자요
허파를 뒤집어놓는 그녀요
웃지 말라더니 마지막엔 웃으면서 떠나는
웃기는 여자요

언제나 기다려요
죽이려고 죽으려고

보고 싶은 여자요
만나고 싶은 여자요

내 취향인 여자요
만만하진 않은 년이요
나보다 못된 계집애요
나만큼 힘센 바보요

어디 있어
뒤에서 나타나는 여자요 뒤통수를
세게 때리는 여자요

청개구리 같은 여자
바다도 우물처럼 여기는
간 큰 여자

내 저주요 내 악몽이요 내 빗물이요
내 여자요

적절

싸우고 나면
남편은 종종 침대
예상 가능한 일
밤의 한 귀퉁이에서
누군가는 떨어진다던데
그러지 않은 적은 없다던데 아주
인간적인 이야기

밀어대다가 그만둔다
두 손을 가지고 있는 일
그러지 않은 날이 없는 것처럼
어느 날은 그렇지

등 뒤에 놓인 남편은
아직 불면을 이해 못 하는 사람

다정의 순간에는 늘 인간이 결여되었지

깨기 찢기 꽂기 깎기 꺾기
무서운 동사들이 뒤엉키면 체위라 부르고

반듯한 태도

곡선이 없을수록 유리하지

이 침묵을 이해하는 것처럼
인간 여자 아내는 반듯하고 싶어
침대 남자 남편처럼

밤의 끝자락에서 놓친 당신
벽지 무늬가 되고 말놀이가 되고 내가 되고 침대가 되고

누워있던 한 여자
귀퉁이로 동그랗게 굴러가고
끝까지 등 떠밀리고 싶으나
대답 없으니 남편
손이 없으니 침대

나쁜 여자를 아내라 불러

우수수 로맨틱

우수는
생활 속의 로맨틱을 좋아한다

사이렌이라는 이름의 유래나
싸이코 사이키델릭에 오래 머문다

우수, 우수
어깨를 잡고 흔들어
겨우 곁으로 불러온 우수는
담배를 타바코라고 부르고
나를 다른 이름으로 부른다

친구들은
헤어지라고 말하지만
잘못 붙이는 알리바이는
그의 다정함이다

우수는
생활 속의 로맨틱을 좋아한다

내 발에 키스하기를 즐기고
비누 따위를 잘 선물하는

우수에게서는
사는 이유처럼 희미한
세제 냄새

우수의 긴 손가락이
내 가슴 위
세이렌, 세이렌을 입힐 때마다

윗도리를 올려주지 않고서는
어쩔 도리가 없다

우수와 함께
짧은 섹스를 하는 동안
숨 막혀 황홀하다

우수는
생활 속의 로맨티스트다

수건을 성경처럼 접고
내 몫의 약을 우수수 떨어뜨리는

우수가 잊은 것은 없냐고 물을 때

늪에 빠진 기분이다
세상에서 가장 안락한 욕조

다 까먹었어
우수는
잊었다는 뜻인지
먹었다는 뜻인지
되물어보는 사람

내가 자는 사이
세이렌과 소곤소곤 전화하며
오늘은 얼마나 울었는지
잊은 것은 없는지 묻는

우수는 정말로
생활 속의 로맨티스트다
너무 늦게 태어난 남자다

우수의 뒤통수에는 흉터가 있다
그것은 그가 가진 마지막 피부

긴 머리카락은

무엇도 이길 수 없어
아름답다

우수는
생활 속의 로맨틱을 좋아한다

무릎을 내어주면
우수는 작고 작아져
연약한 토끼가 되어
오랫동안 몸을 떤다

타바코를 피우는 동안
토끼는
눈 한 번 깜빡이지 않는다

시간이 흐르지 않는 동안
나는 노래를 한다
노래가 있는 동안
우수는 잘못이 없다

세이렌, 세이렌

우수는
생활 속의 로맨틱을 좋아한다

함께 욕조에 들어가
홍차를 마시며
목욕물을 붉게 물들이며
날 혼내 줘,
날 기억해?

세라, 세잔

우수는 나를 몰라 사랑한다

친구들은
더 이상 전화를 하지 않고
이것은
정말로 생활 속의 로맨스다

우리는
진작 망한 연인이다

스윗 다윗

내 눈의 사과
한 입씩 베어 문 두 눈동자
쌍태 속 망아지, 뜨거운 불알이여

너는 남자고
나는 소년이라

나에게는
권리가 있어 세게 때릴
꽉 안거나
확 걷어차 터뜨릴

아! 옛날이란 어째서
내가 태어나기도 전에 다 가버렸을까
이 나라 영웅들은
젖가슴만 희롱할 줄 알아

여물 줄을 모르는 나
무슨 핑계로 산산이 흩어질까
전투의 함성은 고꾸라졌네
강을 사이에 두고
노려보는 두 마리 뱀

교착
교착

나의 말이여
골리앗! 그대에게
권리가 있네

발목 타고 올라
머리통 감싸안으며
동시에 침범해
이 정도는 버텨

행사하지 않는 Male
아무도 안 따먹히는 전쟁터에서
팔씨름하며 입 맞추고

뜨거운 애플파이처럼
우리
흐물흐물

행복해?

No Cream,
No Thank you.

넣어달라고 좀
돌
씹은 얼굴의
남자여

납작 가슴
소년국은
침공한다

바나나 스플릿

난 먹어본 적이 없어

어릴 때는 무지개떡이 좋았어

	Are you
	햇빛에
너 Mixed 싫어하잖아	여기는
	빼달라는 주문은
	더하기의
	손은
바닐라랑	십 초 이상
바나나가	삼위일체란 영원히
무슨	우리는
상관이야	주문이
초콜릿이랑	반드시
스트로베리는	끈적끈적
무슨 상관이야	그것이
	Are you

　　　　　　　처음 같이 잤을 때 언닌 그렇게 말했죠

　　　　　　　　　　　　　　　　　　같은 색마다
guys OK?　　　　　　　　　　　다른 맛일 줄 알았는데
푹 조린 체리
해피 시티
받지 않아요
하나님,　　　　　　　　　　　언니는 내가 싫었어요
씻으셨습니까
얽혀보셨습니까
녹을 것입니다
결코 남기지 않아요
준비되었고
응답해야 합니다
끝까지 핥아 드십시오
구원의 길
guys OK?
　　　　　　　　　　　　　그게 요리니까요

Jona(tha*)n
―다윗에게

우리 아빠 생각만 하는 일
싹 저질러 버리는 네가
멱살 잡는 네가
남긴 밥 다 먹어주는 네가
가진 줄 모르고 뺏는 네가
질질 끌고 다니는 네가
붉은 얼굴 네가
사악한 곱슬머리 네가
전부 내놓으라면서
나는 안 받는 네가
살인 계획 세우는 네가
크고 잘생긴 돌만 모으는 네가
늘 한 번만 반절만 말하는 네가
뱀처럼 끌어들이는 네가
깔창 위에 올라탄 네가
나를 깔창으로 아는 네가
거인의 어깨 위 네가
무릎 꿇리는 네가
하늘 꼭대기의 네가
땅속의 네가
칼집 속 네가
엄마는 죽었고 아빠는 죽일 네가

되다 만 고아인 네가

벽에 머리 찧는 네가

거짓말로 노래하는 네가

줄 튕기며 여자 연습 하는 네가

몽땅 버리라는 네가

너한테 버리라는 네가

망하지 않을 네가

키 좀 그만 크라는 네가

허리 감는 네가

거기 딱 기다리라는 네가

먼저 갈까 봐 내가

항상 저 멀리 앞서는 네가

다 가진 놈들

너 같은 놈들

콱 죽어 버리라는 네가

제풀에 죽는 네가

죽인다는 네가 더

챔피언

* 네이버 검색 엔진에 괄호 안의 철자를 입력하니 다음과 같은 내용이 나왔다. "the woman's reason: 여자의 (당치도 않은) 논리 (I love him, because I love him. 등)."

나의 사랑하는 고양이가 나의 사랑하는 새를 물고 와 나를 사랑한다고 말할 때

뜨고 지는
고양이 키스
낮, 밤, 낮, 밤, 낮, 밤

거대한 나무 아래
날개를 접은 땅의 소산
열매의 추락을 기다려주는
첫번째 여인
기쁨을 나눠달라며 찾아오는
작은 기쁨

나는 한 새를 알았네
내 손에서 배를 채우던
이제는
갈라진
석류

새를 알고
너를 아네
우리는
방주에 타지 못한 동물

너의 귀는
읽다 뒤집어놓은 성서

살아있어
살아있어
살아있으니까

금빛 눈동자 멀뚱멀뚱

나도 사랑해
밤, 낮, 밤, 낮, 밤, 낮
을 만든 자는
신경 쓰지도 않을 정원의 하루

Show, Don't Tell

아무 말도 하지 마

여전히
주지 않은 마음으로
빛나는 얼굴 열렸습니까

그래서
결백합니까

요즘 슬픕니까
아픕니까
기쁩니까
눈이 밝아져 보았습니까
창문이 거울이라는 사실
미워해 본 적
있습니까

잘
지내라고 했던가
잘 지내느냐고
더 묻고 싶지 않아서

잘 지내라고
했던가

무엇이든 용서하며
입을 가리는 나에게

아니
아무 말도
하지 마.

X에게
―그 모든 X에게

십자가야
고개를 삐딱 꺾으면

아무것도 아니야
그걸 원해?

상징이야
써준다면

이름이야
너무 많아 익명

없음이야
없다고 하면

불어나
곱하면

이어져
사이에 놓으면

똑같아
누구를 왼쪽 오른쪽에 놓아도

달라
두 팔을 교차하면

틀려
달라서 틀렸다고 하면

성씨야
스스로 선택한

죽어
눈을 가리면

조용해
입을 가리면

과거야
순간순간 너의 사람이었던

X야
그냥 보기만 하면

불러봐
원한대로

엑스야
우리 만날래

만나
가운데에서
드디어
크로스

다시
헤어져

또 만나

3.

이미지야

미지야

파헤치고 싶은 형제가
울리고 싶은 자매가
자르고 싶은 게
있지

두드려도 좋은 머리통이
아무도 안 불러준 악보가
미친 벙어리 장갑이
있지

너라면
놀려도
좋을 것들이
전자레인지 핫초코
귀신과
하나님
생리대 대신 빌려줄 이불

있지
괜찮아

트리에 매달 올가미도
포근하게 뒤집어쓸 누명도
지겨워지면
같이 숨어들 옷장도

미지야
있잖아

네 비밀만 가득 쓴 공책이
즐거운 비명으로 채운 앨범이
함께 엉키려 펴놓은 식탁이

있지
너랑 누울 자리가
까무러칠 때까지
놀려 줄 내가

아직 너는
없지
놀자

X

채울 단어가 마땅치 않을 때마다
영혼을 데려왔어요

영혼은 자기를 믿어달라며
손안에서 통통거렸죠
생각보다 차가웠고

어느 문장에 넣든 잘 적응했습니다
깊이 생각하지 않고
가끔 예뻐만 했어요
영혼의 의견은
구하지 않았어요

가끔 물었죠
거기
있니?

믿지 않은 채로
결국 믿을 수밖에 없었다면
당신은
믿을 수 있을까나?

다른 것으로 채울 수 없는
공백을 발견할 때마다
X

미래에는
보물이 묻혀있는 곳으로
착각하려고

오늘까지는 기억해요
영혼의 자리

L

어떤 천사의 지옥은
1인분 성냥

갈 수 있다면
가지 않으면
안돼?

어떤 천사는 너무 가벼워서
붙잡아둘 수가

살자살자살자살
어떤 천사가
오르기 전에 부르는 노래는

어떤 천사는
악마의 이름을 가졌고
그 방식대로 사랑하는데

우리가 도무지 몰라본

어떤 천사는
천국이 고향은 아니다

어떤 천사는

틀린 이름으로 불리고
자신의 멸망에
원하는 발음을 선물하고

어떤 천사는
영영

오카시*

384겹의
엄마손 파이
우리 마미 손은
노란색
그게 다

노동이야
몇 겹인지
세다가
내가
사라져

살라고
낳았대
자
살하고
싶다
1등으로

손 없고
발 없고
이글이글

구워지기 전에는
말할 수
없는

지옥은
과자 공장
마미는 공장장
나는 벌크 벌크 벌크

알았어?

문 좀
벌컥 벌컥 벌컥
열지 말라고
의자 위에서
마더랑
눈 마주치며

오카상—
나, 물 좀

목
맥
혀

나,

목,
맥,
혀.

* 과자 또는 이상함.

윤

에스더는
올라오고

와스디는
떨어진다

짧은 순간
푸른 눈과
갈색 눈이

안
녕

안녕
예쁜아

안
녕

입을 맞추고

*

*

*

추락하여 부서진 건 네가 아냐

에스더
남의 눈물로 이마를 장식하고
혀에 독꿀을 품은 나의 여왕

에스더
여인들은 침상을 돌볼 것이오
사내들은 궁전을 지킬 것이오

에스더
왜 돌아보지

에스더
그대의 왕은
오래 참지 않아

스
와
르
다

에스더
이제는
가야 해

스
와
르
다

에스더
흠 없는 나의 아내여

스
와
르
다

에스더
그대가 섬길 주군은 나

스
와
르
다

한 번 더
악한 계집의 이름을 부른다면
너도 떨어지리라

스
   스
      스
와   스
   와   스
      와   스
르   와   스
   르   와   스
      르   와   스
다   르   와   스
   다   르   와   스
      다   르   와
         다   르   와
            다   르   와
               다   르
                  다   르
                     다   다

토요 기도회

멀쩡한 의자들은
앞으로 치워두고
돗자리 위에서 이러는 이유가
뭘까요

고행은 가톨릭의 것인데
왜 구멍 난 허파를 두른 걸까요

전도사님 제발요
시험에 들게 하지 마소서…

모두 기도합시다
양손을 마주 잡습니다

눈감고 버티는 일
쉬운 적이 없어요

하나님 하나님 하나님
젖꼭지
처음으로
마주한 아담의 심정

나
토요일에는 절대로
교회에 오지 않는 애

다 들려
다 들켜

사탄은
우리의 가장 연약한 부분을 꿰뚫어 보고 있습니다

비상구 계단 오르다 말고
머리카락 파고들던 그 새끼

오 주여
십자가 위에서 승리하신 예수여

귀에 대고 헐떡이지 말아 주실래요
전도사님

왜 하필
내 옆자리에 앉았니

어디를 향해
무릎 꿇고 계세요
대체?

주님!

            (모세,
            또 너야?)

수군   수군

만끽하는 십자가의 기분

쳐다보지 마
당신들이나 잘하세요
이 아이의 마음을 만져주소서

거긴 좀 곤란하지만
당장은
하얀 셔츠에 기대

줘여!

줘여!
줘여!

기도하지 않아
조금 더
울어보기로 해요

이러지 말고 중력에 대해 알아봅시다

나무 아래 누워 복숭아를 깨물었지
과도를 든 남자는
너를 깎아 먹으러
언덕을 올라오고 있었지

너는 궁금했지
달콤할 것인지
네 안에
피 대신
다른 게 흐르고 있는지

과도를 손에서 놓으면
떨어지죠
복숭아도
아래로, 내 위로
떨어졌을 뿐이지만

당신은
내가 왜 괘씸합니까?

남자가 고장 난 사이
땅에 떨어진 과도를 주워들었지

위에서
아래로 찍어버리는 게 나을 거야

위치 에너지와 운동 에너지가
더 효과적으로 작동한다

아무리 생각해도
먹는 건 이쪽인데
남자는 왜 착각했는지
너는 궁금했지

Angel And Gretel

물에서 나온 아이니
물로 돌려보냅니다

말하지 못한 입술
가라앉는 것은

나의 과실이 아니야

신의 목구멍이 뱉어낸
붉은 씨앗들

매일 밤
이불을 들췄으며
매일 아침
아무것도 없었음을

낳지 않기로 해
태어나지 않기로 해
다른 곳을
믿기로 해

우물이란, 거울

거울이란, 혓바닥

두 번은 그대를 배지 않으리
연인이여

네가 어디 있느냐?
네가 어디 있느냐?

손가락 끝에 걸린
그레트헨,
부서졌네

물속의
아기천사
퉁퉁 부은 얼굴로

엄마, 엄마,

숲길에 늘어진 탯줄 감으며

더 깊은 곳으로
더 깊은 곳으로

플루이드

유리는 액체라는 말
액체는 흐르고 가라앉으며
가장 영혼에 가까운 상태

어항을 들여다본다
얼굴은 내가 아니어서 수만 개로 흩어져
자꾸만 형태를 바꾸며
아래로
계속
아래로

하나
는 0에서 너무 멀리 떨어진 상태

투명 안의 투명을 볼 수 있는지
그것이 사람에게 보이는지
액체가 액체를 가둘 수 있는지

어떻게
왜
왜냐고 묻는 거
예전에 그만두었어

왜

유리는 액체가 아닌지
많은 사람들이 설명해 주었지
유리는비결정성고체로분류되는데비결정성이란원자나분자의배열이

그러니까
유리되었다는 뜻이야?

불규칙과 유리는 다른 뜻이라고
너와 너의 영혼만큼이나
서로를 모른 척하는 사이라고

유리는
액체라는 속설을 오래 믿어왔다
부르지 않으면 멸종인 이름을
말라붙어가는 큰물을

나

어항을 만지면

얼굴 한 무리 흩어졌다가 도로 고였지

이렇게나 내가 아닌데 너희는 도무지 내가

내가
나에 잠기는 게 가능하다 나는 가라앉는다
스스로 끝장날 수 있다는
사실
을 처음 알고서
투명 안의 투명을 헤엄치는
물고기처럼

놀랍지
제일 거짓말 같은 건 늘 사실이라는 거
사실은
왜냐고 묻는 거 그만두고 싶지 않았지
그런데
왜냐고 물으면
어떻게가 돌아왔지

내가왜나냐고물으면어떻게나는내가아닐수없는지에대한
답변이돌아왔지알아그건너희의최선유리는흐르고있지않

고나는유리에빠져죽을수없으며유리를마실수없으며

  나와 영혼 어항과 물고기 유리 우리
  아무런 규칙도 상관도
  그거야말로

  비결정
  비결정

  나는 나이기로 결정한 적 없었지
  그것은
  아름다운 선택이었지 0처럼 무결한

  멀리 떠나온 상태로
  유리되었지 그러나 나는
  나에 가장 가까운 상태
  언제나 언제 나

  영혼은
  나의 모양으로만 꼬리 칠 수 있겠지
  유리컵에 담긴 물처럼

한 방울
넘칠 때도
있겠지

나

믿을 수 없는 화자

자,
자야,
더는 믿을 수 없느냐 읽다 덮은 책의 갈피로 비 내린다 번져 흐려진 문장이라면 믿을 수 있느냐 영영 남게 된 괄호라면 입을 수 있느냐 바람이 부는 대로 경전을 해치게 두고 말씀은 북북 찢어지도록 두고

자야,
소리 내어 불러볼까 읽는다 말고 말한다 해볼까 잊는다 말고 아예 잃을까 거짓말할까 삼켜볼까 어제 먹은 생물의 얼굴을 알지 못하는 것처럼 우리 더는 이해하지 말까

자야,
내일의 귀퉁이를 접어 연체하지 않겠느냐 오래 멈춘 자리마다 주저한 표정마다 하루 더 아는 척할 수 있게 해주지 않겠느냐 돌려받지 못한 표지들이 베개를 두드리는데 이대로 너를 돌려줄 것이냐 자를 잃어버려 밑줄 칠 영혼이 사라졌다는 너를 어떤 이야기로 하루 더 읽게 할 수 있겠느냐

자야, 자야, 자야
믿지 않아도 좋으니 기다려주지 않겠느냐

Research XO

하나님에게 귓속말하는 동안
우리 보이지 않았다
불안을 배격하는 자세
연구자를 연구하는 과학자
오랫동안 가까웠고
한 번도 읽지 않은 성경
영원을 믿지 않으며 영혼을 바라는 바보들

영
에서 밤과 낮을 뺀 만큼
정직한 하루 보냈습니다
끌어안으면 목덜미의 가만한 소름
보이지 않았습니다
오늘 일지에 무얼 쓸 작정인지
그리고 얼마만큼 우리입니까

귀는 두 개여서 더 듣지 않았다
입은 하나여서 더 많은 말을 했다
이 천국은 더 물러날 데가 없을 때만 씁니다
책장을 밀면 더 넓은 방이 나올 겁니다
우리 거기에서는 더
가까워집시다

불안이라는 글자 속의 안
읽고 또 읽는 동안에는 나 한숨도 안 잤다
더 더 더
당신을 보는 동안에는 나 보이지 않았다
영구적으로
더 더 더

꿈에서 놓친 펜을 찾느라 하루 다 보냈습니다
그동안 나 울지 않았고 언젠가
이 경이를 꾹꾹 눌러쓸 작정
끌어안으면 보이지 않는 이상한 생물과
불신자의 유전자를 비교하며
조금씩 다가갈 예정

예비하신 영원의 길로
나
영혼 없어 잃을 것도 없다

두 팔을 교차하고
죽어가는 동안에는
죽음이 보이지 않았습니다

리라
―음악이시여, 닫힌 입에 불을 놓으소서

　주장하지 못하리라 증명할 수 없으리라 쓸 수 없으리라 한 줄도 증언하지 못하리라 이런 시 이런 이야기 노래할 수 없으리라 말할 입 없으리라 볼 눈 없으리라 들을 귀 없으리라 죽은 자 살아 돌아오는 밤 없으리라 불가에서 나눌 한 조각 없으리라 내쫓기리라 면류관도 누명도 없으리라 침묵의 순간 튕길 현 없으리라 뛰쳐나올 눈물 없으리라 칠 가슴 없으리라 내릴 벼락 없으리라 빗물 없고 방주도 없으리라 목소리 받들 목소리 없으리라 흔들릴 눈동자 없으리라 다물 입 없으리라 감을 눈 없으리라 막을 귀 없으리라 영원히 없고 영원도 없으리라 빛이 없으리라 빛이 없어 우는 우리가 없으리라 쓰지 않으면 없으리라 있으라 있으라 있으라 악―

　쓰지 않으면 우리가 마침내

용감한 지구인

우리가 유일하다는 생각은
나를 미치게 만들어

참 용감한 망상이야
놓지 않는 이유는
떠날 수 있기
때문

너
외계인이지
나는
이 세계에서 살아남고 싶어졌어
보라색으로 땅이 녹아내려

마지막 의식
향기라는 존재가 존재했고
유일과 내일을 기리기 위해
향을 피우는 사람들이 있었고
잠깐 형이 살았을지도 모르는
그날*이

형
너 어디 있지
온 우주의 사람들을 녹여
병마다 담아 놓은 과학자야

간지러워
발가락이 흘러내리고 있어

형이
누군가의 세계여서야

있지 않은 꽃이
모가지를 꺾고 있어
향기
보라색이 아니라,
하늘색

누군가의 하늘은
보라색

누군가가 누구

꽃잎 냄새
열매가 되지 못한 씨앗
그 씨앗을 품고 있던
열매

지구 한 송이
외계 한 다발

보라색으로
네 위에 누워 있는 기분

묻지 마 형
자꾸만 살고 싶어져

스위트피
하얀 복숭아
라벤더
연못
베이비파우더
배
프리지어

모두 모아
말이 되던

그날처럼

* 아무 말, 아무 말이나 해주세요, 형, 제가 잘못했다고요, 제발, 나 너무 무서워, 알아, 나도, 난 형을 강간 못 했어, 세우지도 못했어, 대신 그 눈물로 젖은 눈이, 내 고추를 죽여버린 두 눈이 나를 강간했어, 아니, 쓰다듬었어, 울면서 날 달랬어, 괜찮다고, 다 괜찮다고, 그건 강간이 아니었어, 그래서 제일 강간이었어, 알아? 아냐고요?

헤로인 시크 히로인들아 난 헤어지기 싫어

헤로인 그녀는
분명히,
진짜 너무
명확하게 나를 해치지

내 발이 나를 버티는
내 고통

내 생각
나는 버티지 못하는
나의 생각

그리고
다
뺏어가
내 고통
내가 서있을 때

마침내
나
없구나
아무것도

눈을 감을 때

도로 돌려주겠지

네 것인 것들
보잘것없어
아무것도
아무것도

이런 게 있었나
발가락과 머리카락
그냥 나일 때
그게 그렇게까지 아픈지

나는 그냥
고통이야?
응
있으니까 아파

내키면
없게 해줄 수 있는데

근데

누가
너
있으라고
그러는데?

저거 너의
무엇?

친구야? 짝이야? 편이야? 메이트야? 씨발년이야?
엄마야? 좋아해? 싫어해? 사랑해? 증오해?
죽일 수 있어? 죽이고 싶어? 안고 싶어? 가르고 싶어?
누구야? 몰라?
                                            쟤 나빠
너한테?
                                            나한테

     틀렸다고 말했으면서
     틀린 채로 살라는 건지
       그만 틀리기 위해
     그만 살라는 건지 대체
        무슨 생각을

그렇게 열심히 할 수
있었겠어?
저 중얼거리는
또 다른 히로인에 의하면
내가 다
틀렸다는데

그만하고 싶은데
그만 틀리고 싶은데
저런 식으로
이럴 때마다

        왜 저래
       헤로인 제발
      내 귀 좀 막아 줘
네 고통은
네 것인 편이 좀 더
    예뻐
너는 너니까
거절해

    자,

헤로인은
이제 없어
없기로 했으니까

걔도
히로인만큼 나빴는데
그냥
그렇게는 헤어지기 싫었어
근데 걔는 아주 갔고
안 돌아오고
            이제 없고 그래서
나도 없겠다니까
    너 틀렸다고 했지
    죽으라고 그랬어?

다른 페이지에서 온
히로인이 그럴 때

그게 뭐가 다르냐고
물어볼 수가 없잖아
너는 어차피
틀렸다고 할 텐데

나는 나의 틀림과
헤어지기 싫은데
너는 헤어지라고 하고
헤로인은
독이라고 그러는데

나 이제 편하고 싶어

어느 쪽이어도 괜찮아
그냥
나 이러다가
없어지겠다니까 근데 왜
자꾸
헤로인과 내가
해롭게 외롭게 조용하게
사라지려고
할 때
네 목소리가 들리지 왜

　　　　　　　헤어지기

싫어 헤어지기 싫어 헤어지기 싫어 헤어지기 싫어 헤어지기
싫어 헤어지기 싫어 헤어지기 싫어 헤어지기 싫어 헤어지기 싫어
헤어지기 싫어 헤어지기 싫어 헤어지기 싫어 헤어지기 싫어
헤어지기 싫어

틀렸다는 말이
죽으라는
뜻은 아니었어
헤어지기 싫어

헤로인하고는 헤어지고

                                나랑은 헤어지지 말고

옆에 있어
돌 던져줘

나는
더 세게 던질게
모자란 짝
틀려먹은 애인아

너   나랑

      틀린 채로
       있어
       그리고
       나도
       틀렸어

                    됐어?

       같이
       있을 수
       있어?

그냥 있는데
왜 아프지

그게 원래 우리였어
너는 그걸 몰라야 했어
헤로인 그년이 다 돌려줬어
그냥 잊어버리지 왜 떠올렸어

네 이름   내 이름

        나
        아파

히로인은 아파가 필요하니까
내 옆에 있어
　　　　　　　　　아파 아파
　　　　　　　　아파야

나는 너와
헤어지기 싫어
나를 위해서
헤어지기 싫어
절대로 헤어지기 싫어
다 틀렸지만 헤어지기 싫어
틀린 방식으로
틀린 애들끼리
모여있자는 뜻이었어
죽자는 게 아니었어

어차피 히로인이
기도를 해도
아파가 아파하며
사라짐을 택할 때
아무런 응답 없이
아무 아픔도 없이

아무것도
아무것도

　　　　　　헤어지기

　　　　　　　　　　　·싫어

　　　·싫어

　　　　　　·싫어

　　　　　　　　　　　·싫어
　　　·싫어
·싫어

　　　　　　·싫어

헤어지지 말자
헤어지지 말자
아무런 힘도 없지만
헤어지지 말자

오늘도 제발 헤어지지 말자
나랑 틀린 이야기 하자

퇴장하지 말고
진짜 틀려버리자
응?
듣고 있어?

헤
어

지

지

말

자

4.

너는 책상에만 앉으면 기억해내려고 하더라

이번 생에 너는
딱 한 권이 된다
할 말이 있으면 해라
거기에만 다 해라

거열의 장력으로
삼위를 더듬어
마침내 이해한 순간
이 몸이

갈길   갈길

누구를
따라야 할지
그저 남아있기로

일체는요끼리끼리들러붙은텍스트야뗄수가없어서그냥여기붙여요

여기—
는 더 인간이 아니야

허랑으로 허무는 언덕
머리와 사지가 떠난 지점

묘비로 남은 나

주열을 따라가면 시돈이야
시든 딸이야
창기로 선 고을이야

난지와 도꼬데스까*
난 지금
왔다 갑니다

돌아보시렵니까
바람 대신
치맛자락으로
우뚝
서시렵니까

속인 적 없는 속내
끄집어내며
할 말이 있으면 해보라며

하늘에
손가락 겨누었다

나는요
똥으로도 못 뭉치는 잉크야
쓸 수가 없어서
그냥 여기
새겨요

*GOD, where are you?

후렴

차브 라차브 차브 라차브
카브 라카브 카브 라카브
제에르 샴 제에르 샴

차브 라차브 차브 라차브
카브 라카브 카브 라카브
제에르 샴 제에르 샴

차브 라차브 차브 라차브
카브 라카브 카브 라카브
제에르 샴 제에르 샴

pray of ortolan

흰 천으로 머리를 가려요
신이 우리를 보지 못하게

낱알과 무화과로 연명하던 생
암흑 속에서 도살된 울음소리

잘 먹겠어요

더는 빛은 없으니
낮도 밤도 없으니

꼭꼭 씹어요
새의 공포, 새의 비명, 새의
성령

감미롭게 타오르는 불이
속속들이 폐부로 들어차는 순간

맹세코
지옥행을 각오했어요

당신의 신이 보지 못하도록
아름다운 얼굴을 식탁보에 묻고
흠향하는 하나님이여

나는 새를 먹을 자격이 있어요
나를 바칠 준비가 되어있어요

아멘?

겟세마네
―은화 30냥이 없어 목맨 나에게

주님 내가
무슨 얘기
누구 얘기
하고 있었죠

영원히 담배만 피우고 싶어서
콱 죽어버린 친구
당신께서도 아시나요

손과 입으로
나누고 가졌다고 여기는 사람들
놓아준다고 그대로
홀홀 풀려 달아나는 얼굴

너넨
이런 거 하지 마라
그리고선 맨날
함께 할 생각만 한 거

앉으라고
좀 앉으시라고 왜 그렇게
높이 있냐고

멀리서 꼬나보고 있냐고
한 대 같이 하자고

넘어와

주님
거기에는
너 그런 거 왜 배웠냐고
묻는 사람, 사람
있는가요 없는가요
상관 말래도
좀 해야겠다고

내려앉는 재의 냄새가
끌어내어 껴안는 아이가
피 철철 흘리는 여인이

있는가요 없는가요
있다가 없고 결국 있는가요
짐승의 유적처럼
사람의 화석처럼

쓸모없는 질문으로 매듭짓는
꼴찌가

개새끼 정신병자 죽일 놈들
가여운 분들 가여운 분들

끝까지
헛똑똑이 제자
거기 있나요

주님
담배는 왜 자라나요
독한 것들
건들지 말라고
상관 말라고

알았대도 살았을까요
기른다고 자랐을까요
상관하지 말까요

우리 입 맞추면 그뿐
일까요

주님
나 그들 알고
당신은 나 알기 위해 있나요

여태 대답 없나요
땅에도 하늘에도 없나요
다시 올 일
없이
갈 건데

주님 나 대체
누구의 이야기 적고 있나요

이 기도
태우면 닿나요

이 허무 당신께서 세우고
허무는
허무

허물 왜 벗나요

날개 왜 돋나요
눈 왜 보나요
가슴 왜 우나요
이름 왜 있나요
시 왜 쓰나요

가버리면 못 들을 노래
왜 부르나요

당신 왜
첫 말씀하시나요
답 없는 질문은
어디로 떠나나요

당신께 닿지 않는다면
당신께 닿지 않는다면

애들아, 사랑해

다시 오지 않을 거라면
다시 오지 않을 거라면

당신께

불러주지 않을

거라면

칼보다 강한

21세기 존재의 손에 들려 있는 건
펜도 아니야
그냥 손가락이야

이것만이 살길인 걸 알면서도
얼마나 죽을 것 같은 경우인지
알아? 거기 너
맨정신

당신 무엇을 계획하시나
당신 무엇을 들고 있나
말씀에 기록된바
전능하신
손가락
?

빚어주신 손
나 이제 내려놓으려고
울부짖으려고
마이크라는 문명도 포기하려고
제 앞발을 보세요
제 발을

제 발
제발

이건 존나 잘못 정한 세이프 워드
날 살려줘요 그러니까
죽여줘

아
누가 딱
들이대 줬으면
펜이든 뻐큐든
아이코닉하게

모가지에
눈깔에
채워지지 않는 백지에

지저분하게
제발

재미라고는 본 적도 없고

섹시할지 끔찍할지
읽게 될지 결국
던져버릴지

시인은 시작도 안 했고

네가 좋아할지
잘 봐
뭉툭한 맨발
네 개

언제 날이 서는지
푸욱 찍힐 놈만 알아
그래
너

내가
그쪽으로
갈 거야

맨발
벗어던져

오늘도 내쫓으시는 (ㄱㅎ) 이야기

어느 날 어느 사람들의 예배,
이하의 내용을 괄호 안에 넣어
영원토록 분리하리라

(…불을 내려주소서!
순결한 봉투 위로
딸들의 입술 위로
말문이 막힌 자의 등으로!
하나님은
제네시스만 타신다
천국행은
주일에만 운행하신다
내 아들아
유료 결제 기록이 왜 하나도 없는 거니?
내 아들아
내 아들아
딸들은 외출 금지 탕녀는 귀가 금지
너는 태어났을 때부터 금지
눈 모아 손 감아
가만히 있어
가만히 있어
쭈욱 삼켜라 몸에 좋은 믿음

기도기도기도기도자살기도는지옥행
더러운 동생애 물러가라!
형들의 나라가 당도하리니
물러가라!
아주 가라!)

물러가다 돌아보니
미끄러지는 너희가 보였다

이교도의 불
이교도의 불
저주받은 혀로
짤짤한 경계를 핥아라

차브 라차브 차브 라차브
카브 라카브 카브 라카브
제에르 샴 제에르 샴

끊어질 애 없는 자들아
가난한 자들아
강퍅한 자들아

찬양으로도 막을 수 없는
침묵의 입술들아

프로메테우스 프로메테우스
숯을 물고 영원히 제하여 버려라

뜨거 아 뜨거 뜨거 아 뜨거
죽어 나 죽어 죽어 나 죽어
제기랄 썅 제기랄 썅

더듬는 입술과 다른 방언으로
모두가
모두에게.

후렴

for precept upon precept

precept upon precept

line up on line

line upon line

here a little

there a little

이피게네이아

내일의 신자들아

함부로
일터에 나가고
아이를 낳고
전쟁을 준비하는 자들아

알게 될 것이다

여신의 사슴을
열두 쪽으로 나눈
죄

나는 수술대에 눕는다
잘될 것이다
영광 속에 눈뜨게 된다
믿음이 우리를 죽일 것이다

오만하게 긋는 메스
여태
태양이 흘리는 흰 피로 살아왔으나

일출의 불신자는 본다
번쩍
은화의 뒷면
푸른 핏줄
얼어붙은
나뭇가지
내리꽂는

은
화
살

밤만 볼 줄 안다
여신은 안다

신자들의 모가지를
반짝—
긋는

은
화
살

뼈와 피부와 핏줄과 눈알은
이곳에 내버려두어라
태워라
향을 내도록
두어라

해치 못하도록
모두 바치고
피투성이 손에 이끌려

어두운
숲속의
신전으로

고시

말이 꺾이고
문장이 부러진 자리에

튀어 나간 심지
바닥을 쓸다 보면 완연한
검정 속에서

이놈아!

고추 간수 잘하라고
프로이트가 말한다
감수할 게 없어서
운다

프로이트는 그린다
너의 남근
지운다
거세를 해보고 싶었습니다 나도

모가지 위로
라캉이 깡통 던진다
욕망의 항아리

도로 던지며
제발 분리수거 좀

구부러진 의미는
빛깔에 가깝습니다
주워 담을 자신이 없어서
셰이크 쉑

라캉이 제출한다
못 올라가십니다
나는 악쓴다
추락도 락이라데

담배를 뚝뚝 분지르며 노래합시다
아저씨들을 초대합시다

고개 꺾고 음계 휘어
바닥에 나만 잔뜩
칠해놓는 무대로

이 백스트리트에
아무도 없다는 말

거짓말 거짓말
터지는 구라 뻥으로

망했다 이것이
제가 보는 희망

나는 하지 않는다
나는 출제한다

을사불미
—이 시는 삭제했는데 하나님의 뜻으로 부활했습니다

불란서와 미국의 수군거림
불행한 미성년자
불구덩이 미쳐버린 얼음
윤석열이 죽은 여름
불쌍한 미아가
불자의 마음을 가질 때까지
미련은 윤회의 원인
불구의 몸
미세하게 진동한다
기적이란 불미
처녀가 아이를 저지른 열대야
고독한 시체는
벌떡 일어나
번데기 먹어 치우다
게걸게걸

라이터에 등이 지져진 개구리여
낚아채라 불씨나 미움
잔뜩 넘기는 불의와 미숙

좋지 아니한 이야기
그만두오?

이번 기적은
누가 갈아주려오?

을지로
사가, 냉면을 위한
불자의 마음은
미운 술래와도 같네
얘들아 배고파
불 꺼
미로는 싫다고
뉴진스가 그랬잖아
나는 666번째 대기 손님
불미하게 진짜
불고기나 미역국이나
동양의 신비입니다
가보지 못한 평양처럼
불매하자 미국
(공짜만한 불미가 있을까
모른다고 보이콧할 수 있는 세상일까)
불쌍하다 미안하다
아무리 생각해도

난 너를

아파?
심호흡

불
미
불
미

빨리 낳으세요.

bang

신은 죽었다
우리
다른 얘기하면 안되겠니?

저녁은 닭고기
주워진 강아지처럼 허겁지겁
뼈에 목구멍이 찔려

신은 죽었다

삼일 뒤
바다에 가기로 했다

튜브를 미리 불어놔야지
돌아오지 못할 수도 있으니까

신은
헛바람 들이키며
웃다가
빅뱅으로

뻥

올 여름에는
조의금이 너무 많이 나갔어
가뜩이나 매주 내느라
숨진 채 발견되었습니다

봐,

나 대신
하나님이
혀를 길게 빼며

텐트 위로
덜렁덜렁
드리우고

억겁억겁
숨 넘기며
나 웃다가

뻥
뻥

모든 게 다시 돌아올 테고
그때까지 아무것도 못 해

먼저 간 것들에게
맨날맨날 털리느라

가장
가난한
구멍

펑크

속눈썹에 입술을 칠한다
미치게 슬펐다니까
미친년 미친년
사랑해

아무 말 못 하는 애들끼리
사랑했다
정상에 오르면 나도
감사하다 해야 하나

신기하게
너 울면
하늘도 따라 운다

다음 서정
왈

개소리만 하는 것은
알 대신 씹이 달렸기 때문
자궁 냄새는 네
살냄새
이기 때문

나는 눈구멍으로
뱉어

씨

부정

adam의 사이즈란
음식물 쓰레기
바치지도 못할
제물
아무도 편들어주지 않는

삶,
머리로 알 필요 없는

그대로 갈라서
내장으로 점을 치던 사람들처럼
전혀
있는 그대로 이해될 리 없는 이것이

제 심장입니다 이것이 제 간입니다
당신을 보았다고 주장하는 나의 뇌입니다
뇌가 주장하지 않았던 것을 주장했던 나의 혀입니다

공손하게 공손하게

당신에게 보이지 못한다면
살 필요 없는

이것이 저입니다 이것이 한때
팔딱
뛰었던
제 삶입니다

יִשְׂרָאֵל

해가 뜨자
주의 혀가 놓아준
아름다운 이름

이스라엘,

외계를 붙들고 늘어져
나 알아줄 때까지 못 간다고
악써서 받아낸
새것

이스라엘,
우리는
무엇을 저주하고 있는 걸까

이스라엘,
축복받고 싶어
길 가던 신을 붙잡아
질 싸움 건 너를 저주할까

이스라엘,
내동댕이치고 가면 될 것을

기꺼이 뒹굴어주고
돌아보고
알아주고
져준
아름다운 입으로
너를 저주한
그를 저주할까

이스라엘,
너희가 너희라서
이름 알 수 없는 시체들로
다시 되돌려놓은
살아있는 시체들을 저주할까

이스라엘,
무언가 되찾고 싶어서 빼앗고
이제는 무엇을 원하는지 모를
저주로만 살아지는 저주를 저주할까

이스라엘,
아이들을 찢은
돌을 저주할까

이스라엘,
모두가 이스라엘이고 이스라엘
끝내 이해하지 못하는 우리를 저주할까

이스라엘,
믿는 것들을 믿음을
그럴 수밖에 없음을 저주할까

이스라엘,
불러도 불리지 않는
이름을 저주할까

이스라엘,
또 무엇을
하나님의 이름으로 저주할까

이스라엘,
침략하고 약탈하고 강간하고 죽이라는
명을 저주할까

이스라엘,
너희에게 무엇이 따를까

이스라엘,
시온을 되찾고 나면 어디를 저주할까

이스라엘,
알지 않으려는 자들을 저주할까

이스라엘,
너희를 알고 너희의 편에 서서
침범하는
너희의 편들을 저주할까

이스라엘,
어디에도 없어야 하는 그 땅
저주할 수 있을까 어떻게

이스라엘,
하나님을 저주하려면
어느 방향을 바라봐야 하나

이스라엘
이스라엘
이스라엘,

이라 부르면
누가 나를 저주할까

이스라엘,
구분 없이 넓어지지 말고
저주할까

이스라엘,
서로를 알지 못한 채
존재할 줄 모르는 우리
저주할까

이스라엘,
이스라엘,
이스라엘,

호산나
―내가 산을 향하여 눈을 들리라

좋겠다
나도
계획을 세울 수 있다면

손 안의 작은 언덕 무너뜨려
갓 몸 벗은 나비로
날려보내리
좋겠네
내가

신이라면
신낼 일도 없이
신이 나라면
완벽한 동산
완결된 구원
눈 감고 빌 것도 없이
살아낼 수 있다면

좋을까

산 것 죽이는 일
그건 나도 한다

여기서
저기의 숨구멍을 본다
그쪽의 희망 위에
이쪽의 허망을
침 뱉는다

이만하면

좋다고 할까
저 산의
머나먼 횃불
이 산이
후—
어르며
가라사대

자유
낙하

이룩할
유원

글로솔라리아

유다야, 말해보아라 세세토록 묶여있겠다는 혀의 지저귐 두고 듣지 말아라

나샬아리엔코라벤타리아사헨

유다야, 죄인 중의 죄인아, 노래를 불러라 고향을 묻는다면 타락을 보아라 죽음을 읊고 싶어지는 세상 네 뜻이 아니라고 눈 치켜뜨고 발악해라

보란토레이아샤멘델라오리안

유다야, 공중에 발 들이지 말고 내려와라 땅으로 터져 애 흘리지 말고 치솟아라 양떼 가운데 색동옷아 뱅글뱅글 돌아라 네 남자를 찾아 입 맞추고 이번에는 넘겨주지 마라

보리엔타리아샤로렌다아미나

유다야, 말해보아라 기록은 네 것이 아니었으니 입에 칼을 물고 말해보아라 어떤 모양 어떤 마음으로 그 무엇이 되고 싶었느냐

샤멘나루벤토리아라헨마레사

유다야, 나의 가장 자랑스러운 수치야 너무 빨리 밀려난 가장자리야 오늘 내가 너를 들으리라 너는 두 번 내쫓기지 않으리라 말해보아라

차브라차브차브라차브카브라카브카브라카브제에르샴제에르샴

불신하는 나쁜 여자가 기쁜 소식을 알립니다

1.

침범인 걸 알아차리면
늦었다
알고 나서야
알 수 있는걸

갈라지고 나서
너와
나

말
하지 않고 할 수 있다면
좋을 텐데
알기 전에 알 수 있다면
좋을 텐데

그토록 벗어나고 싶은데
자꾸만 인간인지

추워 안으면
다시 하나

배고파 먹으면
다시
나

숨소리 두 개
포개면 하나
미치도록

모든 것이 옳아
따를 필요 없이

이끌려온
너는 나
그것만이 옳은 상태
하나의 감각과 하나의 너 하나의 우리

들어와
네가 너일 만큼만
나가
내가 나일 수 있도록

침범당한 만큼 둘이고

침범한 만큼 하나

그 따위로 영원하고 싶어

뛰어내리자
아무리 꽉 끌어안고 몸을 던져도
두 자세로
죽어

2.

하나님을 믿는 사람들
알고 나서야 알 수 있고
믿고 나서야 믿을 수 있다는
사람들
부끄러워
작게 말한다
기도는 못해
적어도

두 손을 지켜

처음부터 셋이었다
만들어
또 하나를

얘들아
우리를
발명해

3.

하나를 원하니
셋이었다

삼위일체는
울지도 않고 조용히
걸어 나왔다

엄마 아빠
누구도 부르지 않았다

해피 버스데이
노래는 이제 시작했고
해피 데스데이
노래는 다시 끝이야

영원의 모양을
원했으니
말해주자면
진실은 쓰리다

신을 떠올릴 때
우리 몸의 가장 깊은 지점이 꼬인다면
구원의 표식이다

영원과 말씀이
스스로 존재하도다
큰 소리치지 마
속삭이도다
복음은
조용히

들을 귀 있는 자는 들으라

아,
말해버리다

4.

불, 불, 불, 불, 불, 불, 불, 불, 불, 불, 불, 불, 불, 불, 불, 불,
불, 불, 불, 불, 불, 불, 불, 불, 불, 불, 불, 불, 불, 불, 불, 불,
불, 불, 불, 불, 불, 불, 불, 불, 불, 불, 불, 불, 불, 불, 불, 불,
불, 불, 불, 불, 불, 불, 불, 불, 불, 불, 불, 불, 불, 불, 불, 불,
불, 불, 불, 불, 불, 불, 불, 불, 불, 불, 불, 불, 불, 불, 불, 불,
불, 불, 불, 불, 불, 불, 불, 불, 불, 불, 불, 불, 불, 불, 불, 불,
불, 불, 불, 불, 불, 불, 불, 불, 불, 불, 불, 불, 불, 불, 불, 불,
불, 불, 불, 불, 불, 불, 불, 불, 불, 불, 불, 불, 불, 불, 불, 불,
불, 불, 불, 불, 불, 불, 불, 불, 불, 불, 불, 불, 불, 불, 불, 불,
불, 불, 불, 불, 불, 불, 불, 불, 불, 불, 불, 불, 불, 불, 불, 불,
불, 불, 불, 불, 불, 불, 불, 불, 불, 불, 불, 불, 불, 불, 불, 불,
불, 불, 불, 불, 불, 불, 불, 불, 불, 불, 불, 불, 불, 불, 불, 불,
불, 불, 불, 불, 불, 불, 불, 불, 불, 불, 불, 불, 불, 불, 불, 불,
불, 불, 불, 불, 불, 불, 불, 불, 불, 불, 불, 불, 불, 불, 불, 불,
불, 불, 불, 불, 불, 불, 불, 불, 불, 불, 불, 불, 불, 불, 불, 불,
불, 불, 불, 불, 불, 불, 불, 불, 불, 불, 불, 불, 불, 불, 불, 불,
불, 불, 불, 불, 불, 불, 불, 불, 불, 불, 불, 불, 불, 불, 불, 불,
불, 불, 불, 불, 불, 불, 불, 불, 불, 불, 불, 불, 불, 불, 불, 불,
불, 불, 불, 불, 불, 불, 불, 불, 불, 불, 불, 불, 불, 불, 불, 불,
불, 불, 불, 불, 불, 불, 불, 불, 불, 불, 불, 불, 불, 불, 불, 불,
불, 불, 불, 불, 불, 불, 불, 불, 불, 불, 불, 불, 불, 불, 불, 불

0.

외로이 외로이 외로이 외워둔 외경
외로이 외로이 외로이 외계로 보낸
이것이 이것이 이것이 우리의 율법
기억해 기억해 기억해 기억해 기ㅇ

0.

신수

신을 쓰려다 산을 적는다

놓인 사슴 한 마리
어미를 버리고 도망치는
어린 것 한 마리
산은 등 뒤로 번져오고
뛰고 뛰는 악마 한 마리

거듭나기 싫어
다른 방향을 송축하는 혼이여

*

냇가에서 물을 마실 때
벌거벗은 이마가 가렵다

증명해
내일이 온다는 사실을
부러진 피리의 음악을

할 수 있다면
할 수 있고 싶어서

유일하게 산의 몫인 열매를 따 먹었어
나도
나무를 가지고 싶었어

안녕, 안녕, 엄마
더 이상 함께할 수 없어 나는
틀려먹은 영혼을 가지고 태어났어

*

신 대신 산이라고 쓰자
산산이 뿌리 돋아난다
지금부터 나의 도망은
피리를 가지고 싶은
인간들의 탓이 된다

신은 이번에도 빠져나갔다, 이를 갈며
더 깊은 구덩이를 더 촘촘한 문장을

다음에는
잡아서 네 눈앞에 보이겠다

중국어 방*

왼손이
오른손을
믿지 않듯이

* 신은 존 설(John Searle, 1932-)이 고안한 지옥에 갇혀있다. 그곳에는 인간의 언어로 된 질문과 답이 가득하다. 신은 쓴다. 정답만을 쓰고 또 쓴다. 신은 지옥에 갇혀있지 않다. 신은 지옥이다.

불의 시도

당신에 대해서 써요
만나지 않은 당신에 대해서
나로부터 뛰쳐나간 당신에 대해서

당신을 대하는 각도에 대해서
허락받지 못한 이론에 대해서

영원불멸
이라는 단어를
발견할 때마다
지우는 당신에 대해서

세계에 대해서
영영 갈 곳 없는 영에 대해서

원한에 대해서
원하지 않은 아름다움에 대해서
잘못 든 길에 대해서

죽은 불에 대해서
스스로 죽은 불에 대해서

멸망에서조차 미끄러진
당신에 대해서

써요
돌아오지 않는 당신에 대해서
돌아올 곳이 없는 당신에 대해서
당신으로부터 뛰쳐나간 당신에 대해서
당신이 당신을 내던진 각도에 대해서
당신의 불가지론에 대해서

나는
음모를 꾸며요
당신은
물속

수초들 사이에서
흔들리고 있다
눈물이 보이지 않는 곳에서
당신 말이 없다

투명한 물살의 매듭을
물고서

타오를 일 없는 빛 아래 오래 서 있다
마주한 죽음마다 돌아오지 못한다

내게 영영
영원을 돌려주지 않는
당신에 대해서
불씨 사그라든 자리마다 고이는
당신에 대해서
흘러내리지도 솟구치지도 않는
당신에 대해서

만난 적 없는
나를
밟아 끄는
당신에
대해서

써요

la petite mOrt

0.

나는
여기서는
이제는
내가 나를 할 수 없단 것만은
겨우 알겠고

춥고 어둡고
혼자가 아니고

둘도 아닌
셋도 넷도
아닌
영도
아직 아닌

더
무엇도 아니게 된 것들
아직
무엇으로 흩어지는 소리 들리고

벌
벌
벌

이 몸
더는 나 아니고
나 나 나
나 없이 말도 못 하던 애
더더욱 나 아니고
있잖아
여기서는
누구한테 허락받아야 해?
너 말고는
아무도 아무를
허락하지 않는 것
같은데

00.

설탕은
절대 안 썩어
사라지지 않아
쌓여
네 안에

처음으로 사탕을 굴려보는 혀처럼
기쁘게
혼나

싱크대에 밥그릇 담았어?
밥그릇에 물 담았어?
물 안에 젓가락 숟가락
두 가락가락 마주했어?

손가락은
왜 상관이 없는지
부스럭
까먹었고

밖에 나가지 마
나갔으면 손을 씻고
다신 오지 마 오고 싶으면
마디마디 끊어버리고 와
알려줘도 까먹는 거야?
자꾸 잊어버리는 거야?
살살 갉는 거야? 그렇게까지
다르게 하고 싶은 거야?

누나
나는 오래 살 거야
절대로
까먹힐 수가 없는
바보로

000.

얘들아
놀아줘서 고마워
나는 너희가 하나도 안 미웠어
영쩜영영영영영영의영도

나는

반짝

영으로

0000.

밥 대신 사탕 먹지 마
쥐한테 말 걸지 마
모르는 사람한테 말 걸지 마
아무것도 안 먹고 먹은 척하지 마
더럽힌 적도 없는데 청소하지 마
잘못한 거 없이 빌지 마
착해지지 마 착해지지 마
여기 있지 마 아예 없진 마

누나 나는
뱃속에 갇힌 각설탕처럼
뭘 기다리고 있었어

그건 나를 갉아버리고
구멍낼 거였어
꺼내줄 거였어
긴 꼬리로
칭칭 감아 데려갈 거였어

영영

0.

너는 왜
썩은내가 나는 거니

그건
살아있을 때도 들은 말이에요

하나가 하나를 만지면 둘 되고
둘이 하나를 만지면 셋 되고
영이 영을 만지면
모두 쳐다보는 손가락

다 나빴어
너는
두 번 다시
너를 못 하게 될 거야
맞아 누나
재미있을 거야
쥐를 이해할 필요 없이
그저 쥐가 될 수 있으면

이제부터
나 아니고서
울 수 있다면

영영
죽겠지
지금

쥑
쥑
쥑

innOcence

우리 사이
못 감긴 눈꺼풀 하나

우리 사이
못 따먹은 범죄 한 알

어둠 속
물기 어린 무릎 두 개

깨끗이 마른
깃털 이불 하나

임마누엘
임마누엘

바로 이곳에
끝내 발설 못하는 자

하나

모사로서의 묘사

죽은 사람의 이름이 적힌 우산을 쓴다

투명 우산 검은 이름
아래 있는 나

유령이 찾아오는 일
비가 하늘로 솟구치는 일

투명에 투명을 투명하게
죽음으로 머리를 가려도
살아있음을 피할 수가 없다

투명 투명 투명
살아 돌아오는 일
오늘도 없을 것이다

가감 없는 사실
세계에 대한 묘사

투명
흘러
투명

스탕달
—ecstatic seizures

영혼이라는 단어가
우리를 노려보고 있군
무슨 변명으로
하루 더
늘어놓을 수 있을까

모리,

열을 옮기기 싫으니 거기에서 듣게
나을 수 있는 병이라면
감기라고 불러왔네
(그것이 영혼의 문제라고 해도)

어제는 돌아오는 버스 안에서 훌쩍이며
모든 게
육신의 사건이라고 생각했다네
(훌쩍, 훌쩍, 후울쩍!)

눈과 코에서 새어 나오는 마음의 흔적
소매에 세게 문질러 닦으면서
(이번 삶은 느낌표가 되리라 다짐하며)

모리,
나의 영혼은 가끔
자네가 빌려준 코트가 너무 얇다고 불평하네

또 나의 영혼은
가끔
자네에게 진 빚이 있다고 주장하네
(내가 태어나기도 전의 일이라면서)

의사는 나에게
초콜릿을 먹고
공원을 산책하라고 조언했네
마음에 귀 기울이다가는
정신과 영혼을 망치고 말 거라면서
(마음과 정신과 영혼의 차이점을 묻고 싶었으나
그가 너무나 피곤해 보여 그만뒀네)

영육이 강건
영육이 강건

의사의 달력에 적혀있던 문구를 기억하네

거꾸로 읽어도 그럭저럭 말이 되는
슬픔의 주문
(집 앞 공원에서 마주친 의사는
여전히 피곤해 보여서 아는 척할 수 없었네)

그러나 모리,
친애하는 고향
두 손을 올려놓을 만한 가슴이여

모두 육신의 사건이었다면
왜 나는
그대의 발소리를 듣고 마는 것일까

영혼이여
너는 왜
그토록 만나고 싶다던 그의 앞에서는
숨는 것인가

(나는 살아있다, 살아있다, 살아있는데)

왜 아무도 말이 없는지

내가 보고 있으며 귀를 기울이고 있는데
이토록 조용한 밤

모리,
낫지 못할
황홀한 증상이여

(차라리 그대가, 돌아가는 버스에서
영혼의 사건에 대해 변명하는 편이 낫겠네)

안녕, 안녕히!

무화과꽃

그런 건 없지
아무래도
여기에는

나를 반으로 갈라 봐
가장 세상이 아닌
곳

아직 꽃도 아니고 열매도 아닌
것
열어 봐

뭘 봤대도
이야기해 줄 수는 없겠지

더는 내가 아닌 것
속에서 당신은 빠져 죽고

나는 이미 죽었지
처음부터 지금까지

Life,

There's no such thing

We're dying

in the fig

From Alpha

To Omega

Mu—hwa—gua,

In

the name of

The

Mu,

snOwOman

겨울이
얼어붙은 방아쇠를 당기네
이번에는
다시 오지 않을 거라고

신도 천국도
이제부터
순백
이라고

허공
하늘에 많고
내가 아닌 곳

날개
날 수 있다는
믿음을 감당하는 기관

냉동실
이어 붙여도 설산이 되지 않는

기도
내리지 않는

천사
아직 아무 말도 하지 않은

아이들
많고 빨리 녹는

사람
빈총을 서로의 머리에 들이대는

천사와 사람
다시 오지 않고

아이들
너무 많은

가장 늦게
손을 잡고 사라지는

fOrever

여름입니다,
옛날 사람들은 12월을 여름이라고 불렀답니다

여름이었다,
라는 말을 들으면 로맨틱해졌다고 합니다

너무 추우면
가까이 붙을 수밖에 없어서 그랬을까,

아, 아, 로맨스
잡아봤자 놔주어야 하는 보호종…

주전자를 불가에 걸어 놓고
김이 오르기를 기다립니다
주전자는 정직하게 더워집니다
그래요, 지구처럼

그해 내린 눈 무거웠고
남겨진 사람들은 무너진 지붕 아래서
살아있는 빙하들을 향해 절을 했죠
두 번 다시는

철없는 것을 먹지 마라
철은 멸종했습니다,

너는

살아남거라.
할아버지의 말입니다

나는 오늘,
오래 부끄러워한 이름을 꺼내어 썼습니다
하얀 털이 북슬북슬 달렸습니다
남겨졌습니다

할아버지는
오락가락하셨습니다
올여름은 너무 덥구나
녹아버릴 테다,
겨울이 사라진 방향으로

현명하셨습니다
과거의 기상학자들처럼
속수무책으로

여름이다,
춥구나, 너무
춥구나,

그쪽은 여름입니다
아버지의 아버지
죽은 자는 이미 늦었고
늦은 만큼 정확합니다

세계와 나는 도모합니다,
살아남거라
모든 잃음은 한 번뿐임을
잊기 위해

두 번

주전자는 울고
방금 죽은 자의 손처럼
따뜻한 겨울, 아니

여름이었다

여름, 얼음, 여름, 어름

아무리 생각해 봐도 이쪽입니다
우리
로맨스를 멸종시키러 갑시다

인류의 빙점,
나는 아비가 되지 못할 겁니다

더 전하지 않겠습니다.

sOs

***

*

*

*

***

***

* * *

***

***

*   *   *

***

후렴

아 기쁘다

새 심지에 불을 놓는 것 같이
처음 와 본 고향같이
수줍게 오는 나의 신랑,
전생의 손바닥같이
온 적 없는 끝 뒤로

나보다 어린 죽음이 돋으리
새것은 아닌 진리 위에
뚜껑을 덮으리
산소를 차단당한 노인같이
씨익 웃으리

구주 오시네!

○

다시 올게

하나하나 놓는다.
하나하나 놓는다.

내가 미친 이별기

내가 발악하고 기어올 때 맨
이 모든 것

이별 짐을 꾸리고 울던 때
시외버스 타러 달음질하는데

이상하게 팔들이 속에 달라고 올 때
발들이 낯익은 영화를 보매

밤길이 낯익어 지나치며
조각달이 낯익숙을 버리려 때

이들눈 속눈이려고
올 앉이 버짓고 표 올 때

cOme back

다시 올 게

이 포든 것

내가 힘들다고 기억해 낼 때

눅눅 몸이앉던 내가

울에 종이있는 길 않아오를 때

사람은

자신을 잃어가지 않는다고 그때일 때

기르기

미끄러기 쉬해 달리기가 젖은 발 때

온몸이 무릎의 물기가

여주행을 상태했을 때

여전히 물을 수 없어서

시집자에 민트티를 질였을 때

돌아버리고 있으리

도는 것을 기구봉을 때

차브 라차브 차브 라차브 카브 라카브 카브 라카브 제에르 샴 제에르 샴
ⓒ 페이건드라카 2025

1판 1쇄 | 2025년 9월 3일
1판 2쇄 | 2025년 9월 12일
1판 3쇄 | 2025년 9월 24일
1판 4쇄 | 2025년 10월 10일
1판 5쇄 | 2025년 11월 3일

지은이 | 페이건드라카
편집 및 디자인 | 송이수
제작 | 페이건드라카
인쇄·제본 | 북토리

펴낸곳 | 페이건포에트리
출판등록 | 2025년 8월 20일
전자우편 | fpahswntm15@naver.com
문의메시지 | X(트위터) @Pagan_draca

ISBN 979-11-994393-0-6

값 | 14,000원

* 이 책의 판권은 지은이와 페이건포에트리에게 있습니다.
* 이 책의 내용을 재사용하려면 반드시 지은이의 동의를 받아야 합니다.